AF243397

PLAIDOYER

DE

Me MILLOU, AVOCAT,

CONTRE

Le Rédacteur du Messager de Marseille.

Marseille.

CHEZ MARIUS OLIVE, SUR LE COURS, N° 4.

Paris.

LIBRAIRIE DE LACROIX, RUE SERPENTE, N° 16.

1829.

PLAIDOYER

DE Me MILLOU, AVOCAT,

Pour

M. AUBERT, PRÊTRE-RECTEUR, PLAIGNANT,

Contre

Le Rédacteur du Messager de Marseille, inculpé.

MESSIEURS,

POUR les détourner de l'intempérance, on offrait aux jeunes Lacédémoniens le spectacle rebutant d'un ilote dans l'état d'ivresse. Muette mais sublime leçon, qui fortifiait l'horreur de la chose de toute la bassesse du sujet.

Ne dirait-on pas, Messieurs, qu'à l'aide d'un pareil enseignement, une providence tutélaire a voulu réprimer cette licence effrénée qui pervertit le plus précieux de nos droits, et fait de la liberté de la presse périodique un instrument de scandale et de dissolution !

Vous comprendrez, Messieurs, toute la justesse et toute la portée de ce rapprochement, si vous analysez les productions d'un certain journalisme, si vous vous pénétrez de son esprit. Mais vous irez plus loin que nous. Le dévergondage habituel de la pensée vous paraîtra plus hideux qu'un abrutissement purement physique et momentané. Vous trouverez qu'un esclave subissant la loi d'un maître pour donner, à sa propre honte, une leçon d'utilité publique, était moins méprisable que ces écrivains déhontés qui se sont fait spontanément, par leurs perfides intentions, plus vils encore que leurs œuvres.

Ces vérités que nous proclamons aujourd'hui, n'ont pas besoin de la solennité de votre audience pour être universellement senties.

Qui de nous n'a pas saisi quelquefois avec dégoût, et repoussé bientôt avec indignation, ces feuilles criminelles où l'existence de l'Être Suprême est signalée comme un préjugé populaire qui doit trembler devant les conséquences de la science, comme un dogme qu'un esprit à la hauteur du siècle n'acceptera qu'avec les restrictions du déisme; où les croyances religieuses sont mises dans le lot des ignorans, des hypocrites, des ambitieux; où la hiérarchie ecclésiastique est présentée, avec sa discipline, ses rites, ses cérémonies, comme un assemblage incohérent d'hommes trompeurs et de choses absurdes, grevant d'un horrible poids l'intelligence et le bonheur d'une classe superstitieuse; où l'on prédit la fin du christianisme, sans avoir égard à l'infaillibilité de ses promesses, à l'immensité de ses consolations; où la souveraineté du peuple est érigée en principe, malgré tout le sang et toutes les infâmies de 93 et de 94; où l'on recrute les soutiens de la monarchie constitutionnelle parmi ces notabilités démagogiques qui saluèrent le 10 août, le 21 janvier, le 18 fructidor et le 20 mars; où les victimes d'une vieille et malheureuse fidélité voient flétrir leur noble dévouement par les mêmes plumes qui signèrent jadis leurs arrêts de mort; où l'on fait pleurer la patrie sur la tombe des traîtres et des conspirateurs; où les révoltes à main armée sont les aberrations innocentes de quelques malheureux poussés dans l'abyme par les perfides machinations du pouvoir; où l'amour de la royauté s'appelle l'idolâtrie du despotisme, le retour sous le drapeau sans tache, une affreuse désertion; où l'auguste personne de CHARLES X est avilie sous l'infâme allégorie du mouton enragé ; où des associations illégales sous le prétexte spécieux de résister à des concussions impossibles, s'organisent dans le but réel de susciter au monarque autant d'ennemis qu'il compte de fidèles serviteurs; où les noms sur lesquels s'est fixée la pensée royale pour déjouer de sinistres complots, sont inscrits sur des tables de proscription, comme renfermant tout un avenir de désastres; enfin, où le fonctionnaire public, s'il a conservé un attachement héréditaire à notre sainte religion, à notre antique monarchie, à la famille de nos rois, sera transformé en un docile instrument répétant les mouvemens du télégraphe, si ce n'est en un tigre féroce encore altéré du sang de 1815 ?—Feuilles incendiaires qui bouleverseraient l'autel, le trône et les institutions, si la conscience publique ne les marquait, à chaque instant, du sceau de l'ignominie! Feuilles dégoûtantes qui ne remueront jamais que la fange des pas_ sions, et n'iront féconder dans les cœurs que les germes de la perversité humaine!

Jusqu'ici, Messieurs, nos observations n'ont guère porté que sur le journalisme de la capitale; celui des départemens réclame aussi notre attention.

Presque toujours dispensés d'un cautionnement par la nature des matières qu'ils traitent, les rédacteurs d'un journal de province, loin du centre des intérêts majeurs, loin du théâtre des grands événemens, concentrent toute leur action dans les localités qui ont vu naître leur feuille, et se créent avec leurs lecteurs des rapports plus intimes, plus individuels. Leur voix perdue pour les masses, se fait l'écho de nos cercles et de nos salons. Il leur est donné de polir nos mœurs, d'adoucir nos habitudes, d'éclairer notre esprit, de former notre cœur, enfin de nous entretenir, par les charmes toujours nouveaux des jouissances intellectuelles, dans une douce paix, dans une heureuse concorde. Le perfectionnement de l'homme privé, voilà en un mot leur but unique et légal.

Sont-ils généralement fidèles à cette noble vocation?

Non, Messieurs, car leurs excès habituels sont ordinairement la conséquence de leurs principes, de leur position sociale, de leur notoire incapacité.

Leurs principes! Peut-on appeler de ce nom les théories fallacieuses, qu'en l'absence d'une éducation chrétienne la plupart d'entre eux ont puisées dans les sources corrompues d'une décevante philosophie; dans ces collections de paradoxes et d'obscénités où le libertinage de l'esprit se combine d'une manière si déplorable avec la corruption du cœur; dans ces collections que les arrêts de nos parlemens, aujourd'hui seulement en vigueur contre les Jésuites, avaient condamnées au feu; dans ces collections enfin, dont un homme qui appartient maintenant à l'histoire, disait que tout gouvernement, que tout ordre social devenaient impraticables en présence de leur action désorganisatrice !

Leur position ! Une existence honorable, une considération personnelle appuyée sur des antécédens que l'on puisse avouer sans rougir; tels sont les élémens de cette indépendance qui doit caractériser l'homme de lettres qui se constitue, de sa pleine autorité, le mentor de ses concitoyens. Si cette double garantie ne se rencontre pas, la conviction de l'écrivain devient un problème, et l'on peut croire avec raison que ses besoins le rendent esclave de passions étrangères dont il subit forcément le joug, et dont sa plume vénale reproduit les honteuses inspirations, alors que lui-même ne les adopterait pas. Or, cette indépendance est rare à trouver ! L'aperçoit-on, par exemple, dans ce folliculaire obscur, à peine connu de ses nombreux créanciers, qui nous endoctrine malgré nous, bourdonne encore à notre oreille quand nos cœurs et nos bourses lui sont également fermés; et qui, littérateur hier, prote ce matin, sera, à la nuit tombante, le distributeur obligé de sa propre feuille, afin de diminuer les frais de bureau ?

Ne vous méprenez pas, Messieurs, sur le sens de nos paroles : il est une vertueuse, il est une honorable pauvreté. Celle-là fut l'apanage des Camoëns, des Cervantes, des Milton, des Tasse, des Malfilatre et des Gilbert. Celle-là excite l'admiration, commande le respect : car elle nous apparaît comme une longue injustice du sort et accuse d'égoïsme et d'ingratitude les siècles contemporains. Mais cette pauvreté marche avec le génie; et le génie vit d'indépendance et de gloire. La dure nécessité, les cruelles privations ne le subjuguent, ne le pervertissent pas ; ce feu divin, qui ne s'alluma point à la flamme de la cupidité, reste inaltérable, brille au sein même de l'infortune. Toujours libre par essence, il élève, il grandit, il inspire une noble fierté, il est le vrai gardien de la dignité de l'homme. Mais entre le chantre de Godefroi et le rédacteur de telle feuille provinciale que nous pourrions citer, il y a la même distance qu'entre la *Jérusalem délivrée* et une plate diatribe contre les Capucins ; ou, pour emprunter une comparaison au chef-d'œuvre de l'immortel Torquato, la même distance qu'entre le Ciel et l'enfer : *quanto è, dalle stelle al basso inferno.*

LEUR INCAPACITÉ ! Il faut écrire, Messieurs, puisqu'il faut vivre en faisant un journal. Mais le champ le plus vaste, le plus fécond, celui de la politique, s'entoure de barrières difficiles à franchir : autour veille le glaive de la loi pour écarter les profanes. Certes, si un cautionnement élevé n'était pas de rigueur pour s'immiscer dans la discussion des affaires publiques, une mine inépuisable serait ouverte, dont la richesse suppléerait à l'inhabileté de certains faiseurs de journaux. Il serait si aisé de créer des utopies plus ou moins révolutionnaires ; de prôner des souscriptions bretonne, lorraine, parisienne et autres qui pourront surgir, Dieu aidant ; d'accabler de lâches injures un ministère qui a juré de ne point se défendre ; de rêver des coups d'Etat, de placer la charte sur le penchant de sa ruine, et le despotisme du gouvernement à son apogée, qu'il ne vaudrait vraiment pas la peine d'avoir du talent pour cela. Heureusement il n'en est pas ainsi. Les matières politiques sont interdites aux journaux qui ne paient pas de cautionnement : rien n'assurerait en eux la réparation des torts qu'ils pourraient causer à la société. Les

lettres, les sciences, les recherches d'érudition, les beaux arts,
voilà le légitime aliment de leurs colonnes périodiques. Mais
les fleurs de la littérature ne se laissent cueillir qu'aux favoris
des muses, les sciences s'enveloppent de leurs théories abstrai-
tes, de leurs majestueuses profondeurs, et les beaux arts suppo-
sent le génie qui les féconde, qui se nourrit de sublimes
conceptions. Toutes ces branches de connaissances inoffen-
sives sont donc assez ordinairement hors de la portée tant
du journaliste que de la plupart de ses lecteurs. D'où il
arrive que le premier, dépouillé par son impuissance de son
patrimoine naturel, chassé par le législateur du domaine
de la politique qui ne lui appartient point, sera forcé,
sous peine de périr d'inanition, de descendre dans l'arène
des passions de la multitude, de s'alimenter d'une polé-
mique toute de personnes, et de demander au scandale des
élémens de succès qui ne sauraient lui venir d'ailleurs.

Dès que cette fatale résolution sera prise, le pourvoyeur
de la chronique *édifiante* s'élevera dans l'air comme Asmodée;
et vous le verrez portant partout son vol indéterminé, tantôt
se repaître de hideuses vérités, et bien plus souvent se réfugier
dans le mensonge, afin que ses colonnes du lendemain rendent
témoignage du travail de la veille, et que sa fécondité ne soit
pas trouvée en défaut. On dirait un de ces oiseaux immondes
attiré de loin par l'odeur des cadavres, ou une de ces fabu-
leuses harpies fondant sur le banquet des Troyens pour le
souiller. Suivez-le, Messieurs, dans sa tournée : il vient d'entrer
dans une église catholique. Tremble, modeste vicaire ! demain
la parole du Seigneur sera burlesquement travestie; la chaire
de vérité ne différera plus en rien des tréteaux de la foire; et
tu seras toi-même confondu avec les ennemis abhorrés de la

charte et du sens commun, si tu as le malheur de bénir le nom
du Roi et de flétrir celui de Voltaire. Mais l'atmosphère d'un
temple est méphitique, elle devient quelquefois contagieuse :
c'est en plein air, tout au plus, qu'on peut assister à un acte
de religion. Eh bien ! qu'un horrible sacrilége ait répandu la
terreur dans une cité populeuse, qu'une cérémonie expiatoire
ait été prescrite par un vénérable pontife, l'homme volant se
rabattra sur une ridicule procession : et, dans son premier numéro, le crime lui semblera presque une peccadille, et la réparation une mascarade. L'enlèvement des ciboires lui fera dire :
« Pourquoi tenir des matières d'argent dans le tabernacle ?
« Les hosties consacrées ne seraient-elles pas assez bien logées
« dans un vase de bois ? » Il trouvera l'amende-honorable
toute révoltante d'anachronismes, il en fera un véritable auto-
da-fé où les san-bénitos seuls manqueront à l'illusion. Mais ce
butin ne le menera pas loin : le nouvelliste continuera donc
de fatiguer ses ailes. Il frappera d'abord à la porte d'un palais
épiscopal, et se tiendra fort heureux de dépécer un mande-
ment que lui jettera le portier, comme un gâteau à Cerbère.
Il se glissera ensuite dans un hospice religieux ; et on le verra
mesurer gravement la longueur d'une barbe illégale, et ana-
lyser la toilette d'un capucin, formellement proscrite par le
code des modes actuellement en vigueur. De là, il prendra le
chemin d'un hôtel de préfecture ; et dût-on, comme cela lui est
réservé, le consigner dans l'antichambre, il n'en distinguera
pas moins un visir au petit pied méditant la destruction du
journalisme, après avoir eu l'insolence de changer d'imprimeur.
Puisse, du moins, sa bonne étoile dirigeant ses ébats capricieux,
le tenir constamment éloigné du sanctuaire de Thémis ! Qu'importe ! Si une page de haute métaphysique le brouille avec la

justice, la cité de Séville lui prêtera un masque espagnol; et le magistrat sera livré, sous ce travestissement d'une horrible transparence, à la dérision de ses justiciables. Des sarcasmes contre un jugement! Oui, Messieurs, la compensation sera parfaite, si l'on ignore qu'étouffé par une rage impuissante, force fut au folliculaire d'emprunter l'esprit d'un tiers, là où il ne s'agissait pourtant que de quelques pages de personnalités et de calomnies. Enfin, faut-il se ménager des provisions pour un temps de pénurie, pour les jours mauvais, il enregistrera surérogatoirement les noms d'une douzaine de prêtres; et les vénérables ecclésiastiques seront diffamés par ordre d'inscription suivant l'exigence des besoins, et la feuille sera toujours remplie, et toujours le lecteur rira des épigrammes, sans perdre, le moins du monde, son temps à éclaircir les faits.

Nous vous avons peint, Messieurs, la licence de la presse périodique : le tableau, sans doute, comportait de plus noires couleurs; il produira cependant, malgré son imperfection, l'effet que nous en attendons. Les cœurs honnêtes, les ames vertueuses se souleveront, à l'aspect des turpitudes qui compromettent la faculté illimitée de tout écrire, de tout imprimer sans un contrôle préalable.

Mais la loi n'a-t-elle mis l'honneur et la considération des citoyens que sous la faible sauvegarde du dégoût qu'inspirent les saturnales du journalisme? Le libelliste ne ressortira-t-il que du tribunal de l'opinion? La répression de ses méfaits consistera-t-elle tout entière dans une flétrissure purement morale? La victime d'une perfide agression ne sera-t-elle vengée que par la bassesse de l'agresseur? Non, Messieurs, des dispositions pénales sont écrites dans nos codes; et l'intérêt général, comme l'intérêt particulier, trouveront dans leur application le dédommagement du préjudice qu'ils auront essuyé.

M. Aubert, recteur de l'église succursale du hameau de St.-
Antoine, invoque ajourd'hui ces dispositions tutélaires contre
le sieur Fabrissy aîné, rédacteur du *Messager de Marseille*.
Il accuse ce journaliste de l'avoir diffamé dans sa feuille du 17
octobre dernier portant le n° 327, en l'y représentant comme
un prêtre *ignorant*, *impudique*, *impie* et *hypocrite*; et il réclame contre lui, pour l'appliquer à des œuvres pies, une al-
location de 300 fr. à titre de dommages-intérêts.

En vous signalant, au nom de M. Aubert, tout ce que l'a-
bus de la plus précieuse de nos prérogatives entraîne de dé-
sordre et de perturbation pour le corps social, je ne suis donc
point sorti de mon sujet. J'ai fortifié une réclamation particu-
lière des considérations générales qui s'y rattachent nécessairement : j'ai fourni au magistrat de nouveaux motifs de sévir,
dans le procès actuel, contre une licence qui nous ramenerait
à la censure, c'est-à-dire, à la plus vexatoire, à la plus odieuse
des mesures préventives, si les moyens répressifs devenaient
impuissans.

Avant que nous abordions les questions qui naissent de la
plainte, daignez nous suivre, Messieurs, dans l'examen som-
maire de quelques numéros du *Messager*, qui ne sont, jusqu'à
ce jour, l'objet d'aucune poursuite.

Le parti-prêtre est le grand épouvantail du sieur Fabrissy;
pour lui rien n'est inspirateur comme la vue d'une soutane ;
aussi ses meilleurs articles lui viennent-ils incontestablement
des sacristies. Le soin de sa gloire, l'intérêt de son journal,
nous autorisent donc à faire quelques larcins dans des feuilles
déjà oubliées, et qui par-là obtiendront, une seconde fois, le
suffrage des connaisseurs.

M. Aubert trouvera aussi son compte dans cette évocation

d'antécédens, car je le placerai à côté de ses plus chers amis ; et pour lui adoucir les désagrémens d'une audience publique, je l'entourerai de ses compagnons d'infortune.

Quant à vous, Messieurs, que la loi charge de constater l'existence et d'apprécier la gravité des délits dont la répression est abandonnée à votre justice, vous ne blâmerez pas non plus cette manière de procéder. Les anciennes diffamations vous donneront la pleine intelligence de la diffamation récente, là où le voile transparent d'un style artificieux cacherait à moitié la véritable pensée du diffamateur. Considéré isolément, l'article contre *le Curé de St.-Antoine* paraîtrait inconcevable dans ses motifs, et il ne répondrait que de sa propre perversité ; mais si on le rapproche des articles écrits, sous la même inspiration, contre la même classe de personnes, on y reconnaîtra l'effet d'une coupable habitude ; et cette circonstance aggravera encore sa criminalité.

Le sieur Fabrissy met d'abord en scène le recteur du hameau de St.-Pierre.

« De tous les jeunes vicaires de nos campagnes, dit-il,
« celui qui se fait le plus remarquer par la jeunesse de son
« esprit, par l'acrimonie de son caractère, est, sans contredit,
« celui du hameau de St.-Pierre. »

Ainsi, jeunes vicaires de nos campagnes, vous voilà jugés en masse, jugés en dernier ressort, jugés par l'homme du monde le plus compétent. Vous avez un esprit très-jeune, un caractère fort acre, c'est-à-dire, vous êtes des *fanatiques* et des *extrava-gans*. C'est le sieur Fabrissy, doué lui-même d'un esprit très mûr, comme chacun sait, et d'un caractère fort doux, ainsi que je vous l'apprends, qui vous le déclare *ex cathedrâ* entre un article de modes et un feuilleton dramatique. Mais le

recteur de St.-Pierre vous fait tous oublier : c'est une conso-
lation.

« Aussi, continue le sieur Fabrissy, les paysans et plusieurs
» propriétaires de ce quartier, blessés par les personnalités
« offensantes qu'il se permet en chaire, préfèrent-ils aller en-
« tendre la messe et suivre les offices dans toute autre église
« que dans celle qu'il dessert. »

Voilà, Messieurs, et uniquement par sa faute, un pasteur
sans troupeau, les brebis de tout un bercail errant à l'aventure, parce qu'au lieu de les nourrir du pain évangélique,
leur infidèle gardien leur prodigue l'outrage et les choquantes
personnalités ! En faut-il davantage pour mériter à M. l'abbé
Sauvaire l'interdiction épiscopale, la haine de ses paroissiens
et les poursuites du ministère public ?

Quand il s'adresse au recteur de St.-Pierre, le sieur Fabrissy
tient un langage grave et sévère; mais il prend le ton gogue-
nard vis-à-vis du recteur de Cuges.

« Parlez-moi de ce bon curé de Cuges, s'écrie-t-il en rica-
« nant, pasteur bon vivant, qui réunit chez lui des tenan-
« ciers, francs buveurs, fondateurs de la joyeuse société des
« mouffleurs qu'il préside. Un peu de scandale, il est vrai,
« s'allie au mélange de philosophie et de fanatisme dont fait
« preuve M. le curé; mais mieux vaut encore être mauvais
« poète, comme il le montre dans une chanson qu'il a com-
« posée, et que nous avons sous les yeux, que de médire
« en chaire de son prochain. »

Ainsi, Messieurs, le presbytère de M. l'abbé Camoin est
transformé en une taverne; les amis qu'il y reçoit sont des
buveurs, pour ne pas dire ivrognes; et lui-même porte la tri-
ple qualité de philosophe, de fanatique et de chansonnier à

un dégré si éminent de perversité, que le scandale est une conséquence forcée de son inconduite.

Le sieur Fabrissy sort maintenant du diocèse; et c'est à St.-Cannat qu'il va lier connaissance avec un troisième recteur. A son retour, cette course lui vaudra peut-être un abonné de plus; *et toujours pêche qui en prend un.*

« M. l'abbé, nous dit-il, passe doucement son temps à pin-« cer la guitare, ou à copier des romances et à jouer au « billard dans les cafés. Il n'est pas même des plus exacts à « se rendre à la messe qu'il doit dire : les fidèles, avertis par « la cloche, sont souvent rassemblés depuis plus de demi-« heure, que l'officiant ne paraît point à l'autel. Cependant, « il faut convenir qu'il offre compensation aux gens qui ont « des affaires pressantes : la messe est dite dans dix minutes, « mais cette précipitation déplaît aux dévots... Enfin, M. l'abbé « est un grand chasseur. »

Voilà un nouvel ecclésiastique dont, il faut le dire, le genre de vie n'est pas du tout réglé sur les canons. Une messe long-temps attendue ne prend, chaque jour, que dix minutes des 24 heures ; et tout le reste, sans qu'il y ait même un seul instant pour la lecture du bréviaire, se passe à des occupations plus que profanes, telles que la musique, la chasse, et le jeu de billard dans les cafés.

Mais la guitare, instrument essentiellement *féminin*, mais la romance, chanson ordinairement érotique, ne font-ils pas supposer, avec une aversion bien marquée pour les lourdes notes du plaint-chant et la sèche poésie des psaumes, ces goûts et ces inclinations qui font battre le cœur au printemps de la vie? Vous m'entendez? Courage, M. Fabrissy ! De la franchise ! parlez-nous à cœur ouvert.

Jusqu'à présent, Messieurs, le *Messager* n'a essayé ses foudres que dans les villages et les hameaux, et seulement sur de jeunes lévites à peine entrés dans le saint ministère. L'orage gronde maintenant sur la ville épiscopale! Les vétérans du sacerdoce sont menacés ! Sur quel sanctuaire se fera l'explosion ?

Nous allons voir.

« INTOLÉRANCE DU CLERGÉ DE MARSEILLE. »

« Une demoiselle, âgée de treize ans, et appartenant à la « classe ouvrière, ayant fait, il y a peu de jours, sa première « Communion, se présenta ces jours derniers à la paroisse de « St.-Laurent, qui est la sienne, pour être mise sur le rôle des « jeunes filles auxquelles on doit administrer le sacrement de « la Confirmation; elle fut refusée par le desservant de la pa« roisse; elle retourna en pleurs chez sa mère, et lui raconta « sa mésaventure; celle-ci, sans perdre de temps, se rendit « chez le curé pour connaître le motif du refus. *Vous savez,* « lui dit ce pasteur avec beaucoup de politesse et d'onction, *« ma bonne, que votre fille va coudre des pantalons et des « gilets chez un tailleur protestant; ce n'est pas en cohabi« tant avec des hérétiques qu'on obtient la Confirmation.*

« Est-ce de cette manière que Monseigneur de Marseille « fait exercer par son clergé la tolérance de l'Evangile et « celle de nos lois? Son Excellence le Ministre des cultes ne « suivrait-il pas l'exemple laissé par son illustre prédéces« seur, M. de Portalis père ? Celui-ci surveillait sévèrement le « clergé, et de semblables scandales n'offensaient pas la cha« rité chrétienne. »

D'un seul coup de filet, quelle capture! Un prêtre, un

évêque, un ministre des affaires ecclésiastiques ! Le premier est un intolérant avéré; le second, son complice; et le troisième laisse le scandale aller son train, quand il devrait l'empêcher. Tous les trois offensent la charité chrétienne, affligent l'Eglise de Dieu. Cette décision émane, Messieurs, d'une autorité qui vaut bien celle du Pape, juge naturel des délinquans, de l'autorité du sieur Fabrissy, par la permission de l'art. 8 de la charte et la miséricorde de ses abonnés, rédacteur du *Messager de Marseille.*

A. M. Bonnafous succède M. Chaix, recteur de Notre-Dame du Mont.

« On raconte, dit le sieur Fabrissy, qu'un militaire retraité,
« demeurant au quartier de la Plaine, fit appeler, il y a quel-
« ques jours, le curé de la paroisse pour recevoir les consola-
« tions de la religion; il était sinon *in extremis,* du moins
« très dangereusement indisposé. Le curé arriva, pénétra
« dans la chambre du malade, et ayant aperçu sur la chemi-
« née un buste de Napoléon, s'enfuit à toutes jambes, sans
« rien vouloir entendre, comme chassé par l'esprit malin et
« frappé par la tête de Méduse. En vain fit-on auprès de lui
« des démarches pour le faire revenir, il persista dans son
« refus. Le brave voyait la mort s'approcher et les secours
« spirituels s'éloigner de lui, lorsqu'un sien camarade, hom-
« me de mœurs et de religion, conçut l'idée de s'adresser à
« M. l'Aumonier du 6me régiment; celui-ci, loin de refuser
« son ministère, s'empressa de se rendre auprès du mourant,
« et de lui prodiguer les soins d'un bon ecclésiastique. On
« ajoute que cet acte, qui n'a rien de très extraordinaire, a
« pourtant causé bien des chagrins à M. l'Aumônier; que
« Monseigneur de Marseille l'a fortement désapprouvé; qu'il a

« même été question d'envoyer M. l'Aumônier faire quelques
« jours de séminaire, et que cet ecclésiastique n'a évité qu'avec
« beaucoup de sollicitudes cette censure humiliante. »

Sans la garantie du sieur Fabrissy, auriez-vous cru, Messieurs, que le buste de Napoléon produisît un si terrible effet ? Lui connaissiez-vous cette vertu répulsive capable de mettre en fuite toute milice tonsurée qui n'est pas attachée aux régimens ? Heureuse découverte ! Que le sieur Fabrissy achève donc son ouvrage, qu'il introduise en contrebande le plâtre moulé dans la capucinière de la Croix-de-Regnier, dans les jésuitières du Tholonet et de St.-Acheul ; qu'il multiplie la despotique image sur toute la ligne des frontières du côté de Fribourg : et puis nous voilà débarrassés des jésuites et des capucins, comme si St. Ignace et St. François n'avaient jamais vécu.

Quittons la plaisanterie, et voyons, Messieurs, sous quel point de vue le recteur de Notre-Dame du Mont et son évêque diocésain sont présentés au lecteur.

Le premier, livré à une exaspération anti-chrétienne qui a survécu à son objet, déserte le lit d'un moribond implorant en vain son appui, et laisse dans les terreurs de l'agonie, sans consolations, sans secours spirituels, une ame que le Sauveur des hommes a rachetée de son sang. Ce prêtre qui doit abandonner les quatre-vingt-dix-neuf brebis fidèles pour sauver la centième qui est en péril, résiste à de nouvelles supplications, persévère dans son impitoyable refus, se montre barbare jusqu'à la fin.

Mais le second que sa croix pectorale avertit à chaque instant du divin précepte d'une immense charité, comment apprécie-t-il une conduite si criminelle ? Il la sanctionne, il l'entoure de son approbation, et le charitable aumônier qui remplaça le propre pasteur dans le plus sublime des ministères encourt seul une censure humiliante.

Peut-on imputer à M. Chaix et à Monseigneur de Mazenod des faits plus gravement répréhensibles, des faits qui les exposent plus directement au mépris et à la haine des amis de la religion et de l'humanité?

Toutes ces piquantes anecdotes sont tirées textuellement des Nos 295, 308, 310, 332 et 335 du *Messager de Marseille :* elles sont d'une insigne fausseté. Le même journal en contient d'autres, qui ne sont pas plus vraies, sur le compte des recteurs de *St.-Loup* et de *Séon-St.-André*. Mais les feuilles où elles sont consignées ont échappé à toutes nos recherches.

Imbus, Messieurs, de ces notions préliminaires, de ces déclarations solennelles de principes et d'habitudes, vous comprendrez maintenant sans peine toute la portée et toute la criminalité de l'article diffamatoire relatif à M. Aubert.

Il est intitulé : *Le Curé de St.-Antoine ;* nous allons vous le lire en entier :

LE CURÉ DE SAINT-ANTOINE.

« En ce temps-là vivait, au hameau St.-Antoine, une
« bonne vieille femme qui croyait posséder l'art de charmer.
« Ne vous trompez pas, lecteur, ce n'était point l'art de
« plaire, mais bien celui de guérir les entorses, les maux de
« gorge, et autres infirmités, par le seul attouchement, que
« secondaient quelques mots latins, qu'elle prononçait sans
« les comprendre. Il advint que le curé du lieu, homme de
« bien, mais de peu de science, et moins philosophe que curé,
« fut instruit de la diablerie de sa paroissienne ; il la manda

« au presbytère; et là, étendu dans sa chaise curiale, il lui
« dit avec une componction toute sacerdotale : Tante Mar-
« guerite, ma dévotion a été affligée par rapport à vous; on
« dit que vous exercez le charme? —. Oui, M. le curé. —
« Comment faitez-vous pour l'exercer? — Je touche la per-
« sonne malade, et je prononce quelques mots latins. — Et
« que disent ces mots latins? — Dam, M. le curé, je n'en
« sais rien. — Répétez-les moi? Et la bonne vieille de pronon-
« cer les diaboliques mots, et M. le curé de se frotter le men-
« ton d'un air soucieux, rêveur, mais peu convaincu. Ma
« bonne, s'écria-t-il en sortant de sa rêverie, et en joignant
« ses larges mains, Dieu vous garde de continuer de charmer;
« votre âme serait damnée, car déjà, par vos maléfices, vous
« appartenez au démon. La bonne vieille recula d'épouvante,
« promit au pasteur de suivre son conseil, et s'en retourna
« toute triste à sa chaumière, en se disant tout bas : je sens
« bien que je ne puis plus charmer.

« Il arriva qu'Annette, gouvernante du curé, se donna, on
« ne sait en quoi faisant, une entorse des plus complètes;
« elle faillit se trouver mal dans les bras de son doux maî-
« tre; les planchers du presbytère retentissaient de ses cris :
« Annette ne pouvait plus rien faire; le ménage était désor-
« ganisé, les roses bouillies dans le vin n'opéraient pas. Que
« faire, s'écria le curé dans un élan de douleur? Que faire,
« lui répond Annette, il faut me faire charmer par la tante
« Marguerite. — Ma foi, tu as raison; et le curé de s'ache-
« miner vers l'humble toit de la sorcière; chemin faisant,
« l'idée ne lui vint point que charmer était pécher; il son-
« geait plus au pied de son Annette qu'à l'enfer. Le soleil
« était couché, la modeste porte de la chaumière fermée,

« et tous les alentours déserts; c'était l'heure où les labou-
« reurs savouraient leur chétif repas du soir. Le curé heurte
« la porte avec sa canne. Qui est-ce, dit Marguerite en pa-
« raissant à la petite fenêtre arrondie par le haut? — C'est
« moi. — Vous, M. le curé. — Oui, ouvre; j'ai à te parler.
« La tante Marguerite descend le plus vite qu'elle peut, fait
« entrer le pasteur, lui donne le siége unique, et s'assied sur
« un fagot de rameaux de pin. — Annette s'est donnée une
« entorse, ma bonne Marguerite; et elle me dépêche vers toi,
« pour que tu viennes la charmer. — La charmer! Dieu m'en
« garde, car mon ame serait damnée. — Allons, ma bonne,
« encore une petite fois, je te le permets. — Non, non, M.
« le curé, à moins qu'en me le permettant une fois, vous
« ne me le permettiez pour toujours. Le curé était tellement
« philosophe et à la hauteur de son siècle, qu'il eût bien
« consenti à compromettre l'ame de la vieille, mais non sa
« responsabilité cléricale; il avait une prudente crainte des
« remontrances épiscopales; il était à cheval sur les régle-
« mens synodaux. Marguerite persista dans son refus, et le
« pasteur dans le sien : celui-ci revint au presbytère, et vit
« la guérison d'Annette s'opérer par les moyens légaux.

« Si par hasard, lecteur, cette historiette tentait votre in-
« crédulité, défendez-vous bien; elle n'appartient point au
« 15e siècle, comme vous pourriez le présumer; elle est de
« nos jours; de la semaine passée. Le fait vous serait encore
« mieux raconté par les bons habitans du vallon St.-Antoine;
« dans leur idiome il vous paraîtrait bien plus amusant en-
« core, surtout s'il vous était redit par Marguerite elle-
« même, de qui nous le tenons.

« Si vous portez vos pas vers St.-Antoine, ne demandez

« pas Marguerite, si vous voulez la voir et l'entendre ; on
« ne vous l'indiquera pas ; mais informez-vous quelle est celle
« des femmes du hameau qui dessert le culte de Lucine ;
« alors vous verrez Marguerite, et l'entendrez comme nous
« l'avons entendue. »

On se demande d'abord : de quel droit le sieur Fabrissy
met-il en scène un paisible desservant, qui, relégué dans un
modeste hameau, ignorait jusqu'à l'existence de son journal,
et croyait bonnement ne devoir compte de ses actions qu'au
supérieur ecclésiastique de qui il tenait ses pouvoirs ? Le
sens commun répond tout de suite : « Trop grande était la
« disette des matériaux pour remplir les huit colonnes obli-
« gées. Le jubilé avait fini, les tribunaux étaient fermés,
« l'affaire des capucins ne promettait que d'insipides lon-
« gueurs, peu de vols remarquables, point d'assassinats,
« pas un seul incendie : le rédacteur du *Messager de Marseille*
« était sur les dents. Force fut donc de s'accrocher à la sou-
« tane d'un prêtre, au risque de la salir ; et le sort désigna
« celle de M. Aubert. » — Eh bien, Messieurs, le sens com-
commun vous trompe.

Que les sermons d'un prêtre tombent dans le domaine de
la discussion sous le double rapport des principes religieux
et de l'art oratoire, nous le concevons. Ainsi on peut taxer le
théologien d'ultramontanisme, et placer le prédicateur au-
dessous de l'abbé Cotin. Mais la vie privée reste toujours
inaccessible. Pourquoi donc le sieur Fabrissy a-t-il porté son
inquisition jusque dans les détails les plus intimes du presbytère ? Pourquoi dans un dialogue misérablement écrit sous
la dictée de la calomnie, a-t-il épanché ses poisons sur une
réputation sans tache, sur une conduite exemplaire ? Le

sens commun répond encore : « Après l'apparition de plu-
« sieurs feuilles décolorées, les abonnés probablement sé-
« chaient de dégoût et d'ennui; et la fatale approche du nou-
« veau trimestre faisait craindre de nombreuses défections.
« Dès-lors une historiette sinon pleine d'esprit, du moins
« largement impie et passablement graveleuse devait voir la
« lumière. Il fallait que le sacerdoce en fournît le héros;
« que ce héros, comme dans les pièces d'Aristophane, de
« licencieuse mémoire, fût un personnage réel; que chacun
« pût le montrer au doigt, afin que les amateurs d'une in-
« nocente gaîté, captivés par la réunion de tant de charmes
« divers, n'allassent point fausser compagnie au pourvoyeur
« salarié de leurs momens perdus. » Eh bien, Messieurs, le
sens commun vous trompe une seconde fois.

Le sieur Fabrissy ne choisit pas ses sujets dans l'intérêt
d'une spéculation purement mercantile. Quand il appelle à
son redoutable tribunal les ministres du Seigneur escortés
de leur vie toute entière, il cesse d'être journaliste; humi-
lions-nous devant lui, *il remplit un apostolat.* C'est ce qu'il
nous déclare deux fois dans son numéro 301, page première,
colonne première, lignes 24 et 25, et page seconde, colonne
seconde, lignes 29 et 30.

Vous remplissez un apostolat! Mais si le *Messager* est votre
Evangile, dans quelle page tant soit peu orthodoxe cher-
cherons-nous votre confession de foi?

Vous remplissez un apostolat! O la sublime fonction! Mais
quel apôtre a-t-il jamais donné l'athéisme pour *une vaste
conséquence de la science,* pour *une opinion qui tend à amé-
liorer le bien-être matériel des citoyens ?*

Vous remplissez un apostolat! Mais le disciple bien-aimé

réprouvait le mensonge, détestait le scandale, adorait la charité; ses épitres n'étaient pas des libelles, et son amour pour les choses saintes s'étendait encore sur ceux qui en étaient les dispensateurs.

Vous remplissez un apostolat! Mais l'Apôtre des Gentils ne parut jamais devant les tribunaux que pour confondre ses juges; et en présence de l'Aréopage, comme en face du proconsul romain, sa conscience ne lui dit jamais qu'il avait mérité une condamnation.

Gardez au reste la qualité *d'apôtre*, si elle vous sourit par la raison des contrastes, cela importe fort peu au procès actuel.

Avez-vous diffamé publiquement le recteur de St.-Antoine ? Voilà toute la question; il nous sera facile, Messieurs, de la résoudre affirmativement contre le sieur Fabrissy.

D'abord qu'est-ce que la diffamation?

Jusqu'ici nous avons employé ce mot sans le définir, parce qu'on ne peut guère se méprendre sur son acception naturelle. Il faut néanmoins en fixer le sens rigoureux et légal, lorsque l'idée attachée au terme va servir de base à la plainte de M. Aubert.

« Toute allégation ou imputation d'un fait qui porte at-
« teinte à l'honneur ou à la considération de la personne, ou
« du corps auquel le fait est imputé, est une diffamation. »
Art. 13 de la loi du 17 mai 1819.

Mais cette définition présente des expressions nouvelles en matière de droit; on a senti le besoin de les expliquer.

« *Allégation* et *imputation*, *honneur* et *considération*, di-
« sait M. Courvoisier, lors de la discussion du projet de loi
« à la Chambre des Députés, ne sont point synonymes. *Im-*

« *puter,* c'est *affirmer; alléguer,* c'est *annoncer sur la foi*
« *d'autrui, ou laisser à l'assertion l'ombre du doute.* — Tout
« ce qui touche à la *réputation,* à la *probité,* touche à *l'hon-*
« *neur;* et l'on peut sans blesser *l'honneur* porter atteinte à
« la *considération.* Dire méchamment qu'un négociant à éprouvé
« des pertes, qu'il gère avec inhabileté son négoce, annon-
« cer faussement un tel fait à l'appui de l'imputation, c'est
« laisser son *honneur* intact; c'est nuire pourtant à la *con-*
« *sidération* dont il jouit. »

M. de Serres adoptait les mêmes idées. « Un sens du mot
« *considération,* disait-il, auquel le mot *honneur* ne répond
« pas du tout, c'est particulièrement, si j'ose me servir de ce
« terme, la *considération professionnelle,* l'estime que chacun
« peut avoir acquise dans l'état qu'il exerce, estime qui fait
« une partie de sa fortune, qui est pour lui un capital pré-
« cieux, que la diffamation peut évidemment atteindre sans
« porter atteinte à son honneur; car on peut être homme
« d'honneur, n'être pas diffamé comme tel, et l'être par exem-
« ple dans les autres qualités morales qui font un bon négo-
« ciant, un bon avocat, un bon médecin. En un mot, un hom-
« me quelconque a mérité, par ses actions, par sa vie tout
« entière, une portion d'estime, il a acquis une mesure de con-
« sidération morale parmi ses concitoyens; eh bien ! voilà le
« patrimoine que la loi doit protéger et défendre, et c'est
« l'objet de l'article. »

Ainsi, Messieurs, pour être coupable du délit prévu par
l'article que nous avons cité, il n'est pas nécessaire d'être l'auteur des propos diffamatoires, il suffit de s'en constituer l'écho.
Dans le cas contraire, on échapperait toujours à la vindicte
publique, en prêtant d'abord à un tiers les allégations qu'on
reproduirait ensuite sur son témoignage.

De même il ne servirait de rien de respecter l'*honneur*, si l'on attaquait la *considération*, car l'existence morale de chaque individu est placée tout entière sous la protection de la loi.

Ces principes nous dispensent, Messieurs, d'examiner si *la tante Marguerite* a fourni en totalité ou en partie, au sieur Fabrissy, l'indécente anecdote du *Curé de St.-Antoine;* ou si l'invention de cette anecdote appartient exclusivement au rédacteur du *Messager*.

Nous n'avons pas besoin, non plus, de disserter sur l'honneur, afin de déterminer d'une manière précise tout ce qui peut le compromettre. Il nous suffit que l'article incriminé énonce des faits attentoires à la *considération* due à M. Aubert, et que personne ne saurait lui ravir arbitrairement, alors même qu'il en serait indigne.

Notre tâche est donc simplifiée; nous allons la remplir.

Un prêtre, Messieurs, doit s'élever dans toutes ses actions au-dessus d'une vertu vulgaire. Les qualités qui, dans la vie commune, exciteraient l'admiration, et dont l'absence n'entraînerait aucune flétrissure, sont, dans la vie sacerdotale, le rigoureux accomplissement d'un devoir sacré qu'on ne peut enfreindre sans se couvrir de honte. Qu'il nous soit permis, Messieurs, dans cette partie de la discussion et dans une cause concernant un ecclésiastique, de faire entendre quelques pieuses paroles, pleines d'ailleurs du mérite de l'à-propos. Si des textes *latins*, tirés de la *Bible*, présentaient trop de difficultés, causaient trop d'ennui à notre adversaire, qu'il se console : avec un peu d'étude, avec un peu d'adresse, il en fera sortir, s'il veut, des pages délicieuses contre le bigotisme et la congrégation, et, par le temps qui court, cette bonne fortune que nous allons lui offrir n'est pas à dédaigner.

Un ecclésiastique, Messieurs, est spécialement chargé de la mission d'instruire. *Vos estis lux mundi, ite et docete omnes gentes,* disait Jésus au douze pauvres pêcheurs qui ont bouleversé la face de l'univers. Mais un prêtre enfoncé dans les ténèbres de l'ignorance, comment fera-t-il briller la lumière? Celui qui ne sait rien, comment instruira-t-il les autres? Aussi, par rapport aux ministres de Dieu, la nécessité de la science est-elle convertie en précepte formel: *Præceptum sempiternum est, ut habeatis scientiam discernendi inter sanctum et profanum.* Levitic. cap. 10. — *Labia sacerdotis custodient scientiam, et legem requirent ex ore ejus.* Malach. cap. 2. — Aussi Dieu même lance-t-il un anathême foudroyant contre le contempteur de la science : *Quia tu scientiam repulisti, repellam te, ne sacerdotio fungaris mihi.* Osée, cap. 2.

Convenons donc, Messieurs, qu'accuser un prêtre d'ignorance et citer de prétendus faits à l'appui de cette accusation, c'est refuser à ce prêtre la capacité d'exercer le sacerdoce, c'est le dévouer à la malédiction de Dieu et au mépris des hommes, c'est porter à sa considération une cruelle atteinte, c'est le *diffamer* dans le sens de la loi.

Or, le sieur Fabrissy s'est permis, vis-à-vis de M. Aubert, la diffamation que nous venons de caractériser : pour s'en convaincre, on n'a qu'à lire le N° 327 de son journal. Dans cette feuille, le curé de St.-Antoine, d'abord, révoque en doute l'absurde pouvoir de guérir les entorses par le seul attouchement et quelques mots latins ; il reconnaît ensuite ce pouvoir de la façon la plus explicite , en approuvant sa servante qui l'invoque pour sa guérison; enfin, il se rend lui-même précipitamment chez la vieille sorcière, combat ses scrupules, et, plein de confiance dans l'efficacité de ses jongleries, la supplie d'accourir auprès d'Annette pour la charmer.

De pareils faits, de semblables démarches, n'indiquent-ils pas la plus complète ineptie, la plus grossière, la plus dégradante stupidité? Attribuer ces faits, ces démarches à M. Aubert, c'est donc le proclamer, non pas ignorant, mais inepte, non pas dépourvu d'instrution, mais stupide dans toute l'énergie et la rigueur des mots.

Messieurs Courvoisier et de Serres, qui voyaient une diffamation réelle dans une allégation de faits établissant la simple inhabileté d'un négociant, d'un avocat, d'un médecin, auraient reconnu une diffamation bien plus grave, bien plus caractérisée dans les énonciations que nous venons de discuter.

Si un prêtre doit être un trésor de science, il doit être aussi un vase de pureté. *Castitas*, dit St.-Augustin, *pernecessaria est, sed maximè ministris altaris, quorum vita aliorum debet esse eruditio.* — *Immunditia*, dit St. Jean-Chrysostôme, *quæ in alio crimen est, in sacerdote est sacrilegium.* — St. Clément d'Alexandrie va plus loin : *Soli qui puram agunt vitam, hi sunt Dei sacerdotes.*

Sans doute, Messieurs, le sieur Fabrissy n'a jamais eu de grands rapports avec les Saints Pères : il serait beau de voir le génie s'ensevelir dans de vieux et poudreux bouquins ! Mais la seule raison ne lui a-t-elle pas appris que, sans une pureté angélique, le ministre des autels est l'opprobre du sanctuaire, le scandale des chrétiens, le fléau de la société? Dès-lors n'a-t-il pas su qu'imputer à un prêtre des mœurs corrompues, c'était lui imprimer une tache indélébile, lui enlever toute considération personnelle, l'assassiner moralement ?

Oui, Messieurs, le sieur Fabrissy a agi en grande connaissance de cause; il a jugé toute la portée de la diffamation; et cette pleine intelligence du mal qu'il méditait, en a été le motif déterminant.

« *Il arriva*, c'est lui qui parle, *qu'Annette, gouvernante du Curé, se donna, on ne sait en quoi faisant, une entorse des plus complètes*. Ne torturez pas trop cette phrase, je vous prie, que la pensée qu'elle recouvre reste, si c'est possible, un mystère impénétrable pour l'auditoire et pour le public. Vain espoir ! le sieur Fabrissy va déchirer le voile qu'il avait jeté à regret sur une turpitude. Ecoutez-le : *elle faillit se trouver mal dans les bras de son doux maître*. Remarquez, Messieurs, que ces mots joignent immédiatement ceux qui précèdent. Un trait de lumière jaillit déjà de cette circonstance, mais il n'est pas le seul. Comment se fait-il que le maître se trouve si fort à portée de secourir sa servante ? L'épithète donnée au premier, n'exprime-t-elle pas en lui une affection plus passionnée que celle dont une domestique peut raisonnablement être l'objet ? En un mot, *doux maître* et *doux ami* ne rendent-il pas les mêmes idées dans toutes les langues de l'univers ? Poursuivons : *que faire, s'écria le Curé, dans un élan de douleur ? Un mouvement de compassion*, à la bonne heure, mais *un élan de douleur* est une sensation trop vive pour celui qui ne doit ressentir qu'un sentiment d'humanité. Le sieur Fabrissy devrait être content : ses périphrases, ses circonlocutions ont porté leur coup ; et l'homme borné qui a de pareilles marques ne reconnaîtrait pas l'existence d'un commerce criminel, ne gagnerait rien à ce qu'on lui nommât les choses par leur nom. Cependant le folliculaire retourne à la charge : il veut se faire comprendre aux plus niais. *Chemin faisant*, dit-il, *l'idée ne vint pas au prêtre que charmer était pécher*. Certes, Messieurs, voilà un prodigieux oubli, qui fait supposer une extraordinaire préoccupation ! Mais si l'entorse d'Annette occupe tout l'esprit du curé, il faut bien qu'Annette elle-même remplisse tout son cœur ; et celà est vrai dans la pensée du sieur Fabrissy, car il ajoute : *il songeait plus au pied de son Annette qu'à l'enfer*. Eh pourquoi, Messieurs? parce qu'il préférait la guérison d'Annette, pour des raisons à lui connues, à toutes les joies du paradis. La conséquence est de rigueur pour tout bon logicien. Quelle était donc la source d'un intérêt si tendre? Interrogez plutôt l'*adjectif possessif* qui précède le nom de la gouvernante, si vous désirez une réponse; et ces mots, *son Annette*, vous paraîtront beaucoup trop éloquens.

Mon style, Messieurs, s'est ressenti sans doute de la difficulté du sujet; mais la preuve de la diffamation n'aura pas été affaiblie par la circonspection de mon langage. Votre perspicacité m'en est un sûr garant.

Le sieur Fabrissy a-t-il enfin épanché tous ses poisons ? Non, Messieurs, tant qu'il y aura chez M. Aubert une vertu à flétrir, le sieur Fabrissy trouvera une calomnie. C'est le vautour insatiable dont la faim renaît avec les entrailles de Prométhée, *nec fibris requies datur ulla renatis*. C'est une sangsue qui ne sait point lâcher prise, *non missura cutem, nisi plena cruoris hirudo*.

Ainsi, à l'ignorance et à l'impudicité du recteur de Saint-Antoine, le sieur Fabrissy joint l'impiété de ce desservant. La mesure est bien prise, le nouveau trait portera.

Après qu'il s'est raisonnablement frotté le menton d'un air soucieux et rêveur, tant la recette de Marguerite l'a embarrassé, le curé sort de sa rêverie, et joignant ses larges mains il s'écrie en propres termes : *Dieu vous garde, Marguerite, de continuer de charmer; votre ame serait damnée, car déjà par vos maléfices vous appartenez au démon*.

La sentence est portée, elle est juste, elle est fondée sur

l'Ecriture, les décisions de l'Eglise et la pratique constante de tous les casuistes chrétiens. Aussi la bonne vieille, quoique à son cœur défendant, promet de suivre le conseil qu'on lui donne, et tristement regagne son taudis.

Le curé l'y suit de près. Vous connaissez déjà l'étrange motif de sa nocturne visite : il ne s'agit de rien moins que d'aller charmer Annette. Marguerite effrayée s'écrie : *La charmer! Dieu m'en garde, mon ame serait damnée.* Voilà donc le curé parfaitement rappelé à lui-même. Dès cet instant, il ne peut plus se faire illusion sur la nature du service qu'il réclame. Marguerite lui objecte que charmer c'est pécher ; à cette voix sa conscience se réveille, lui tient le même langage ; et dans cette double décision, sa mémoire lui retrace la sienne propre qu'il n'aurait pas dû oublier. Quoi qu'il fasse, il agira donc en grande connaissance de cause : un oubli, l'entraînement d'une affection désordonnée ne sont plus des excuses qu'il lui soit facultatif d'invoquer. A quoi se résoudra-t-il, Messieurs ? Ecoutons-le : *Allons, ma bonne, encore une petite fois, je te le permets.* — *Allons*, c'est-à-dire, il est avec le Ciel des accommodemens. — *Ma bonne*, cajolerie toute pure, indigne du caractère sacerdotal. — *Encore une petite fois*, ruse de guerre pour surprendre, en la tournant, une forteresse qu'on ne peut emporter d'assaut. — *Je te le permets*, horrible blasphême ! exécrable impiété ! — *Il le lui permet*, c'est-à-dire, il permet à Marguerite une action qui damnera son ame ! *Il le lui permet*, c'est-à-dire, il autorise, il commande les maléfices par lesquels Marguerite appartiendra au démon ! Marguerite recule d'effroi devant le gouffre : son pasteur qui l'en avait éloignée, l'y ramène, lui en aplanit les voies, l'y précipite avec la même main qui aurait dû l'en retirer.

Telle est, Messieurs, la conduite impie que le sieur Fabrissy prête à M. Aubert. Si par le récit de pareils faits, il ne porte point atteinte à la considération de ce dernier, la loi du 17 mai 1819 n'atteindra jamais aucun diffamateur.

Enfin, l'hypocrisie est le dernier vice dont le rédacteur du *Messager de Marseille* dote le curé de Saint-Antoine, en achevant son portrait.

Reprenons l'examen du libelle, au point où nous l'avons interrompu. La sorcière s'adoucit ; mais pourtant elle ne veut capituler qu'à d'honorables conditions. Voici ses paroles : *Non, non, M. le Curé, à moins qu'en me le permettant une fois, vous ne me le permettiez pour toujours. Le curé,* ajoute le sieur Fabrissy, *était tellement philosophe et à la hauteur de son siècle, qu'il eût bien consenti à compromettre l'ame de la vieille, mais non sa responsabilité cléricale ; il avait une prudente crainte des remontrances épiscopales.*

Un curé philosophe et à la hauteur du siècle, n'est rien moins, d'après les idées reçues, qu'un curé chrétien et à la hauteur des principes religieux. Cela est clair de reste ; car on affirme que ce curé *aurait bien consenti à compromettre l'ame de la vieille.* Cette nouvelle diffamation se rattache à la précédente : il nous suffit de l'indiquer. La diffamation que nous poursuivons maintenant résulte de ces mots : *mais non sa responsabilité cléricale ; il avait une prudente crainte des remontrances épiscopales.*

Ainsi, Messieurs, *in petto,* le recteur de Saint-Antoine était fort indifférent au salut ou à la damnation de sa paroissienne : de pareilles bagatelles ne l'occupaient pas du tout. Il feignit cependant le contraire, en refusant à Marguerite la permission d'exercer le charme toutes les fois qu'elle voudrait.

Le motif apparent de son obstination se référa à la loi de Dieu qui prohibe toute pratique superstitieuse ; le motif réel qu'il ne dévoila pas, ne fut autre que la crainte des remontrances épiscopales, maintes fois suivies de l'interdiction. Or, cette tactique de l'intérêt personnel déguisé sous l'apparence du devoir, est le caractère distinctif de l'hypocrisie, de cette dissimulation où la vertu affectée est pire que le vice opposé.

La discussion des griefs est épuisée. *Ignorance, immoralité, impiété, hypocrisie,* voilà les chefs d'accusation qu'on a portés contre M. Aubert devant le tribunal de l'opinion publique. Afin de leur donner plus de relief, on a inventé une historiette bien circonstanciée, dont le style, chose prodigieuse, pour la première fois complice de la malignité de l'écrivain, s'est entouré de formes piquantes pour populariser les diffamations.

Qu'il nous serait facile, Messieurs, d'anéantir ce tissu de faits controuvés, si en prohibant la preuve des imputations diffamatoires, le législateur n'avait par-là même interdit celle de leur fausseté. A notre premier appel, les habitans du hameau de Saint-Antoine comparaîtraient en foule à votre audience, et la calomnie tomberait devant leurs unanimes dépositions. La seule Annette ferait défaut : mais cette circonstance vaudrait, elle seule, une apologie. Annette, Messieurs, doit, avec son entorse, toute son existence au génie inventif du sieur Fabrissy. Depuis une époque bien antérieure aux prétendus événemens racontés par le *Messager,* jusqu'à ce jour, un vieillard sexagénaire a composé seul tout le domestique de M. Aubert —— C'en est assez sur ce point : la réputation du Recteur n'exigeait pas même cela.

Le sieur Fabrissy est pleinement de cet avis, et il sera

curieux de le voir tout à l'heure rendre hommage à la vertu incontestable de son adversaire, et se montrer plus soigneux que nous de la défendre contre toute injurieuse application. Mais ses éloges fallacieux aboutiront à une conclusion intéressée : « M. Aubert, nous dira-t-il, n'a donc jamais été « l'objet de ma censure, et l'anecdote dont il se plaint concerne « un de ses prédécesseurs. » Admirable expédient qui, dans l'idée du sieur Fabrissy, sauvera le diffamateur sans détruire la diffamation ; et qui, sans réhabiliter M. Aubert, flétrira de plus un autre ecclésiastique qui n'est point au procès.

Il est donc nécessaire de réfuter par avance une objection qui va constituer tout le système de la défense.

Vous n'avez pas entendu diffamer le plaignant ! Mais c'est votre écrit, et non votre intention que le tribunal doit apprécier. Votre pensée n'est connue que de vous, et votre libelle a parcouru toutes les classes de la société. Vos abonnés, et vos lecteurs plus nombreux encore, se sont arrêtés à *la lettre qui tue*, ne pouvant remonter à *votre esprit qui vivifie*.

Or, en tête de l'article je lis en gros caractères : *Le Curé de St.-Antoine.* Ce titre se rapporte nécessairement au prêtre qui dessert l'église de ce hameau au moment où vous écrivez : et ce prêtre est M. Aubert. Si vous l'appliquez à un ecclésiastique qui, à l'émission de votre N° 327, n'exerçait nulle part, ou exerçait ailleurs qu'à St.-Antoine des fonctions sacerdotales, votre langage devient inintelligible, et vous avez écrit pour n'être pas entendu. Certes, cette supposition vous serait trop injurieuse, elle blesserait autant la vérité que la réputation de votre journal : vous êtes forcé de la rejeter avec nous.

« Mais, objecterez-vous, la première phrase de l'article

« éclaircit ce que la rubrique peut avoir d'embarrassant.
« *En ce temps-là vivait au hameau St.-Antoine une bonne*
« *vieille femme. En ce temps-là*, direz-vous, signifie *autre-*
« *fois, il y a long-temps*. Or, M. Aubert n'étant recteur à
« St.-Antoine que depuis le 31 décembre 1828, l'écrit ne
« le concerne pas. »

Votre interprétation est évidemment erronée, et puisque
ce qui est clair a besoin d'être interprété, voici la véritable :
Au temps où s'est passé l'événement que l'on va raconter,
vivait au hameau St. - Antoine, etc. — Or, cette locution
n'indique ni une époque ancienne, ni une époque récente,
elle n'en fixe aucune. — Pour que votre explication fût
admissible, il faudrait que la *bonne femme* eût cessé de vivre
lorsque M. Aubert fut appelé au rectorat. Vous soutiendriez
alors avec raison que M. Aubert n'est pas l'homme qui re-
courut au pouvoir de la sorcière pour la guérison d'Annette. Malheureusement vous convenez du contraire, en
avouant plus bas que vous tenez le fait de Marguerite elle-
même, laquelle le racontera encore *aujourd'hui* à qui voudra
l'entendre.

La conséquence qui s'induit naturellement de l'intitulé de
l'article en question, n'est donc ni contredite, ni même mo-
difiée par la phrase que vous appelez à votre secours.

Mais comment parviendrez-vous à dénaturer ce que nous
lisons au pénultième alinéa? Ecoutez vos propres expressions : « Si par hasard, lecteur, cette historiette tentait votre
« incrédulité, défendez-vous bien ; elle n'appartient point
« au 15ᵐᵉ siècle, comme vous pourriez le présumer ; elle
« est de nos jours, *de la semaine passée*. » Ces derniers mots
sont accablans : vous y avez prévu l'objection que vous éle-

verez aujourd'hui et vous l'avez résolue contre vous-même.

Vous craigniez que l'on ne plaçât dans le 15me siècle la plaisante aventure dont vous nous avez régalé. Cet anochronisme l'aurait dépouillée de son attrait principal, d'une malice contemporaine; et c'eût été un grand malheur. Vous vous êtes donc empressé d'en fixer la date : *elle est de nos jours.* Mais de nos jours plusieurs desservans se sont succédés, à St.-Antoine; lequel d'entre eux avait-il Annette à son service? Il restait donc du vague, ce n'était point encore parler assez net; pour lever toute incertitude, vous ajoutâtes : *elle est de la semaine passée.* Plus possible de se méprendre : vous aviez atteint M. Aubert qui était recteur à St.-Antoine depuis environ neuf mois, et, par suite, au temps que vous indiquiez.

Prétendrez-vous que les mots : *elle est de la semaine passée,* se rapportent au temps où l'historiette vous fut contée par Marguerite, et non point à celui où le fait arriva?

L'objection serait pitoyable; pour la soutenir, voici comment il faudrait traduire tout le passage cité : *Si le temps où cette historiette m'a été racontée tentait votre incrédulité, défendez-vous bien; ce n'est pas dans le 15me siècle qu'on m'en a fait le récit, c'est de nos jours, c'est la semaine passée.*

Mais il y aurait vraiment trop de niaiserie dans un pareil commentaire.

Des faux-fuyans sont encore à votre disposition : les subtilités ne sont point défendues, quand il s'agit de se tirer d'embarras.

Dites-nous d'abord : « C'est un curé qui figure dans mon « écrit, pourquoi le procès me vient-il d'un recteur? »

Nous vous répondrons : vous n'êtes pas très fort sur la hiérarchie ecclesiastique, quoique vous vous occupiez et même beaucoup trop souvent des membres du clergé. Un *curé*, un *recteur*, sont pour vous la même chose, parce que probablement vous n'avez ni avec l'un ni avec l'autre des rapports journaliers ; c'est ce que l'on conclut de vos numéros 295 et 322, où Messieurs Bonnafoux et Chaix reçoivent de vous le titre de curé, malgré qu'ils ne soient que recteurs.

Dites-nous ensuite : « Je n'ai point nommé M. Aubert ; en « se reconnaissant dans mon curé de St.-Antoine, il s'est fait « lui-même l'auteur de la diffamation. »

La réponse est facile : tout ce qui est dirigé contre le curé de St.-Antoine, s'adresse au plaignant ; car l'individu ne peut être disjoint de la qualité qui lui est exclusivement dévolue. Un exemple vient à propos. Si, chose infiniment désirable, une liste de nouveaux abonnés arrivait au bureau de la poste, adressée au rédacteur-propriétaire du *Messager de Marseille*, peut-on croire que les employés porteraient l'intéressante missive à M. Carnaud, ou que vous la refuseriez vous-même, sous le vain prétexte que le nom de M. Fabrissy ne paraîtrait nulle part ?

Eh bien ! la parité est encore inexacte, car vous pourriez avoir des collaborateurs dans la rédaction et des intéressés dans l'entreprise de votre journal ; tandis qu'il n'y avait et ne pouvait y avoir à St. - Antoine d'autre recteur que M. Aubert, au moment où vous écriviez.

Dites nous enfin : « Au demeurant, quel est mon crime ? J'ai « exhumé de la vieille chronique locale un conte que j'ai sim- « plement rajeuni, sans songer à mal. »

Nous ignorons si vous avez reproduit ou si vous avez inventé. Admettons la première hypothèse. En rajeunissant le conte, vous n'auriez jamais dû rajeunir la date ; toute la diffamation est dans la fixation de l'époque, nous vous l'avons démontré.

Quant à la circonstance tirée de ce que l'invention de l'anecdote ne vous appartiendrait point, elle ne vous excuse aucunement ; car peu importe que vous ayez imaginé votre article pour M. Aubert, ou que puisant cet article dans une tradition préexistante, vous le lui ayez appliqué. Il y a eu autant de malice à prêter au jeune recteur la prétendue inconduite d'un tiers, qu'à lui imputer une inconduite personnelle : c'était le diffamer également.

Au reste, après l'envoi de la citation introductive d'instance, le sieur Fabrissy a reconnu d'une manière péremptoire que M. Aubert était ce même curé si ridiculement mis en scène quelques jours auparavant.

On lit dans le N° 329 de son journal ce qui suit :

ENCORE UN PROCÈS !

« Messire Cyprien-Ysarne-Paul-Marie Aubert, se disant
« prêtre-recteur de l'église succursale du hameau de St.-An-
« toine, a jugé convenable de nous donner hier de ses nou-
« velles par l'intermédiaire de M\e François-Xavier Baudin fils,
« huissier royal immatriculé. Messire Ysarne Aubert, prétend
« que nous l'avons diffamé dans le numéro 327 de notre journal,
« *en le représentant comme un prétre ignorant, impudique,*
« *impie et hypocrite, qui avilit, par son inconduite, le sacré ca-*
« *ractère dont il est revétu.* Messire Ysarne Aubert trouve une
« diffamation notamment dans cette phrase de notre article : *Il*

« *arriva qu'Annette, gouvernante du curé, se donna, on ne sait*
« *en quoi faisant, une entorse des plus complètes.*

« Nous ne savons en vérité si la diffamation est dans l'*en-*
« *torse* ou dans le *quoi faisant;* mais quoiqu'en dise Messire
« Ysarne Aubert, *nous ne croyons pas* plus l'avoir diffamé lui
« que la gouvernante Annette.

« Messire Ysarne Aubert a élu domicile chez Me Probace
« Millou, qui doit plaider pour le plaignant. Probace ou Ysarne,
« nous ne savons comment ils s'y prendront pour trouver dans
« tout cela un délit. Ce procès ne sera appelé qu'après vacation.»
Du contexte de cet article découle cette conséquence : *M.*
Aubert est vraiment la personne attaquée par le sieur Fabrissy,
mais il reproche sans fondement à ce dernier de l'avoir diffamé.

C'est, Messieurs, ce qui sort évidemment de ce passage :
« Nous ne savons, en vérité, si la diffamation est dans l'ENTORSE
« ou dans le QUOI FAISANT. » Et surtout de cet autre : « Nous ne
« savons comment ils s'y prendront pour trouver dans tout cela
« un délit. »

En effet, toujours on innocente les expressions, jamais on
ne déclare à M. Aubert qu'il a eu tort de les prendre pour son
compte.

Le sieur Fabrissy aurait fait précisément le contraire, si,
dans son intention comme dans son écrit, M. Aubert n'eût pas
été le but direct de ses traits ultra-satiriques. Il aurait aban-
donné les mots inoffensifs ou coupables, se bornant à soutenir
que M. Aubert n'était pas ce curé de St.-Antoine dont il lui
avait plu d'entretenir ses lecteurs. Au lieu de préluder à une
discussion foncière, il eût indiqué simplement une fin de non-
recevoir.

Et combien de motifs ne lui commandaient-ils pas un pareil

procédé ? Motif de justice : sans rétablir entièrement la considération de M. Aubert indignement attaquée, le sieur Fabrissy affaiblissait par-là de fâcheuses impressions. — Motif d'honneur : il répudiait l'épithète de libelliste qui ne fut jamais honorable. — Motif d'intérêt : il disposait favorablement l'esprit de ses juges, en supposant qu'il ne tarît pas la source du procès.

Or si, malgré tant de graves raisons, le sieur Fabrissy s'est toujours montré inébranlable, concluons qu'aux preuves déjà fournies par nous pour établir l'application de l'article diffamatoire à la propre personne de M. Aubert, il a ajouté lui-même la preuve plus accablante encore, résultant de l'absence de tout désaveu de sa part; disons mieux, résultant d'un aveu implicite qui, par les circonstances dont il s'entoure, équivaut à une confession formelle.

Mais pourquoi, jusqu'à ce jour, le sieur Fabrissy a-t-il tenu son adversaire sous le poids d'une horrible diffamation ? Parce qu'il lui répugnait de chanter la palinodie, de réparer un scandale dont il était l'auteur, dût-il trouver son intérêt à cela.

Pourquoi aujourd'hui se montrera-t-il plus généreux ? — Parce qu'à la veille d'un jugement son langage sera pris pour la conséquence forcée de sa position : il ne fera aucun bien à M. Aubert dans l'opinion publique; et il pourra, du moins le sieur Fabrissy l'espère, induire les magistrats en erreur:

Notre cause est toute plaidée : un résumé succinct va vous en reproduire les points capitaux.

En accusant la presse périodique du grief dont nous demandons la réparation, nous avons dû vous offrir le tableau de ses prodigieux écarts; vous la représenter telle qu'une faction ennemie de notre repos et de notre bonheur nous l'a faite.

Ces considérations préliminaires étaient l'introduction obligée de notre plaidoyer : vous deviez y puiser les motifs d'une juste rigueur contre le journaliste que nous avons traduit devant vous.

Mais M. Aubert n'est pas le seul prêtre que le sieur Fabrissy ait diffamé dans son journal.

Les diffamations anciennes devaient donc être groupées autour de la diffamation récente, afin que les premières donnassent la pleine intelligence de l'autre et en augmentassent la gravité, en y faisant reconnaître le coupable résultat d'une habitude invétérée.

C'est après cette discussion préparatoire que nous avons attaqué celle de l'article incriminé, et que nous avons ensuite réfuté par anticipation la propre défense de l'adversaire.

Nos argumens sont encore présens à votre esprit ; ce serait tomber dans de fastidieuses répétitions, que de les retracer même dans une analyse.

La plainte de M. Aubert est donc justifiée : nous abandonnons au Tribunal la fixation des dommages-intérêts.

En défendant le sacerdóce contre les attaques du journalisme, nous avons, Messieurs, rempli une tâche devant laquelle bien d'autres auraient reculé ; mais nous étions soutenu par une conviction intime et par cette indépendance qui forme la base de notre caractère, comme elle constitue un devoir de notre profession.

MILLOU, Avocat.

JUGEMENT.

« Attendu que le sieur Fabrissy, rédacteur-propriétaire
« du journal intitulé *le Messager de Marseille*, s'est reconnu
« l'auteur de l'article incriminé;

« Attendu que cet article contient l'imputation de faits qui
« sont de nature à porter atteinte à la considération du
« plaignant;

« Que l'outrage dont se plaint M. Aubert est d'autant plus
« grave, qu'il a été fait publiquement à un ministre de la
« religion catholique, à raison de sa qualité, puisque cet ec-
« clésiastique est mis en scène en qualité de curé;

« Attendu que, par la manière dont cet article est conçu,
« il est évident que l'intention de l'auteur a été de désigner
« le recteur de l'église du quartier de St.-Antoine, en exercice
« à l'époque de la publication dudit article;

« Que si telle n'avait pas été la pensée de l'auteur, il
« se serait empressé de faire une rétractation, et de donner
« une explication satisfaisante sur la citation en justice qu'il
« reçut à la requête de M. Aubert;

« Qu'au lieu de faire un pareil désaveu, le sieur Fabrissy
« a aggravé son tort par la publication d'un nouvel article
« inséré dans le numéro de son journal qui a suivi cette
« citation en justice;

« Par ces motifs :

« Le Tribunal, présens Messieurs Réguis, président du tri-
« bunal, chevalier de l'ordre royal de la Légion d'Honneur;
« Borély, vice-président; Vacquier, Darluc, juges, et Mon-
« sieur Berard, juge suppléant, attaché à la troisième cham-

« bre, ayant voix consultative, ayant tel égard que de rai-
« son aux fins et conclusions de M. Ysarne Aubert, prêtre-
« recteur de l'église au quartier St.-Antoine, ainsi qu'au ré-
« quisitoire du Procureur du Roi,

« Déclare le sieur Fabrissy ainé, rédacteur - propriétaire
« du journal intitulé *le Messager de Marseille*, atteint et
« et convaincu d'avoir dans le N⁰ 327 de sondit journal
« et à l'article commençant par ces mots : *Le Curé de St.-*
« *Antoine, en ce temps-là vivait;* et finissant par ceux-ci :
« *et l'entendrez comme nous l'avons entendue,* diffamé et ou-
« tragé publiquement, à raison de sa qualité, ledit M. Ysarne
» Aubert;

« Pour réparation de quoi condamne ledit sieur Fabrissy
« à un mois d'emprisonnement, trois cents francs d'amende
« envers l'Etat, cent cinquante francs de dommages-intérêts
« envers la partie plaignante, ainsi qu'aux frais de la pro-
« cédure, pour toutes lesquelles adjudications il sera con-
« traint par toutes les voies de droit, même par corps.

« Ce jugement est fondé sur les dispositions des articles
« 13 et 18 de la loi du 17 mai 1819, 6 de la loi du 25
« mars 1822, 14 de la loi du 18 juillet 1828 et 52 du code
« pénal, desquels il a été donné lecture.

« Fait et prononcé, etc.

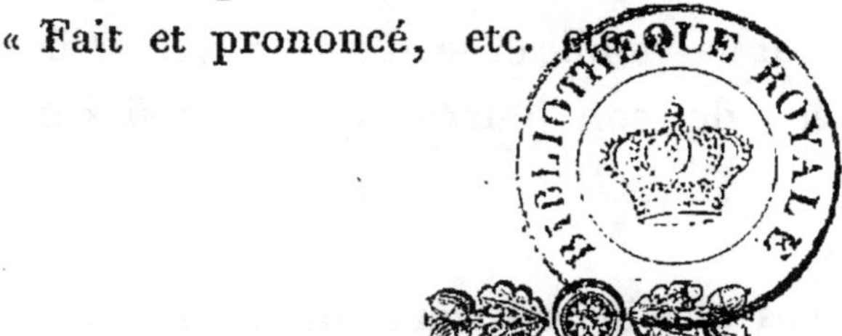